U0009478

catch

catch your eyes；catch your heart；catch your mind……

六十種台灣觀察的進行式

紙上行旅的移動風景

鄧彧——著

作者序 Preface

畫一幅台灣小角落的紙上紀錄片

—— 鄧彧

一直以來對於圖像的感受都比文字來的強烈，也比較習慣將各類訊息圖形化，從來沒有想過自己會出一本圖「文」書成爲作者，實在覺得蠻不可思議的。

畫圖這件事在從小到大的人生中佔了滿大的比重，國中的時候不愛念書，熱衷在畫漫畫，那種瀏海很長眼睛很大的少女漫畫，或是頭很大人物很浮誇的卡通漫畫，都曾經樂此不疲的畫個不停，甚至還以班上同學爲主角出了幾本漫畫集，現在想想原來那時後就熱愛「獨立刊物」了啊！

雖然從很早（大概出生的時候）就對美術很有興趣，也一直認爲自己未來會成爲畫家，但求學路上好像和美術沒有太直接的關係。國中念極度重視升學的私校，在課本上塗鴉渡過無聊的學校生活，高中念普通班，還一度在未來職業項目寫律師（哪來的想法），大學學的是古蹟藝術修復，也終於接觸到了與美術比較有關係的課程，學了點木雕和交趾陶的皮毛，也喜歡上木雕和陶藝，或許間接影響了現在的插畫風格。大四快畢業的時候，發現自己最喜歡的其實是平面設計，於是去上了相關的課程和一邊自學，就一直做設計到現在。眞正認識到紙張和印刷是在設計公司任職的時候，喜歡不同紙張和不同印刷方式所產生的效果，帶有手感溫度的紙張觸感更是令人著迷。紙上行旅起於一次的東京旅行之後，算是旅行紀錄的彙整，沒想到就此踏入獨立出版，從企劃、繪製、設計，到發包印刷、監工、包裝、出貨等等都自己來，雖然過程有些辛苦，卻也很踏實，由於實在太喜歡這樣的過程了，決定辭了原本的設計工作，開始成爲獨立工作者，依照自己喜歡的步調過著想要的生活。

移動風景開始於對輪子的觀察記錄，某日從便利商店出來，看到對面的車輪餅攤車，口味手寫招牌高高低低的垂掛著，深灰綠色的車棚頂由上而下延續到改造的機車車頭，綠色配色在整體佔了恰到好處的比例，看到眼前攤車老闆用心打造賴以爲生的工具，內心感到佩服和尊敬，原來這些我們習以爲常的日常生活是如此被用心經營著，機車、腳踏車、手推車、發財車，每台都是老闆的精心設計，而我的台灣小角落紙上紀錄片也從此開始。

最後，要感謝的人實在太多，謝謝一路支持我的家人、朋友，謝謝我的合作夥伴願意支持這樣的小品牌，也感謝一直對紙上行旅不離不棄的你、妳，謝謝大塊和辛苦的編輯，然後終於可以不用再被編輯追殺了！

阿柴棗棗：汪，我對於你沒有經過我的同意和授權，就擅自使用我的肖像這件事頗有意見，汪，然後剛剛的感謝詞裡面竟然沒有我的份，枉費我每場都博命演出，實在太令我切心了，汪。不過若是今晚晚餐可以加碼的話，我可以考慮原諒你，汪。

目錄

CONTENT

作者序　畫一幅台灣小角落的紙上紀錄片　4

Chapter 1 手動山河　8

杏仁茶時光機　10
麻糬主題曲　12
維生素水果牆　14
蔥抓餅拿手絕活　16
肉粽藏寶山　18
棉花糖太空船　20
麥仔煎家鄉味　22
一百分消暑仙草冰　24
蜜餞一日滋味　26
堅持口味手工汽水　28
雜貨行動便利店　30
糖葫蘆護衛隊　32
發糕後花園　34
銅鑼燒百寶袋　36
青草茶神奇療效　38

雞毛撢子學功夫　74
冬瓜茶說故事　76
麥芽餅好夥伴　78
冰淇淋交響樂　80
古早麵茶過去時光　82
烤香腸拚輸贏　84
臭豆腐表裡不一　86
棉花糖魔術箱　88
養樂多調色盤　90
捏麵人美術館　92
番薯糖涮口零食　94

Chapter 3 機轉大地　96

綠豆蒜最佳男主角　98
香蕉車遊樂園　100
豬血糕穿新衣　102
爆米香的宣誓　104

炭火雞蛋糕藝術品 40
豆花心頭肉 42
炭烤地瓜不可思議 44
菱角仁皇冠 46
雞蛋糕玩具店 48
湯圓攤暖暖包 50
早安你好飯糰 52
燒番麥心有所屬 54
燒餅油條戀人 56
雞蛋冰彩蛋 58
麵包車難以抉擇 60

Chapter 2 腳踏日月 62

紅茶冰夏日綠洲 64
皮鞋魔法師 66
資源回收五味雜陳 68
時光隧道電影宣傳車 70
龍鬚平價帝王 72

菜燕街頭藝人 106
熱帶水果演色表 108
古早滷味展示櫃 110
車輪餅製造機 112
早餐車選擇題 114
代步車全能改造王 116
郵差先生全民天使 118

Chapter 4 輪動四季 120

大力水手蔬菜車 122
水果嘉年華 124
花生菱角好鄰居 126
披薩車搖身一變 128
紗窗日常萬事通 130
小籠包海市蜃樓 132
烤鴨選美比賽 134

杏仁茶時光機｜麻糬主題曲｜維生素水果牆｜蔥抓餅拿手絕活｜
肉粽藏寶山｜棉花糖太空船｜麥仔煎家鄉味｜一百分消暑仙草冰｜
蜜餞一日滋味｜堅持口味手工汽水｜雜貨行動便利店｜
糖葫蘆護衛隊｜發糕後花園｜銅鑼燒百寶袋｜青草茶神奇療效｜
炭火雞蛋糕藝術品｜豆花心頭肉｜炭烤地瓜不可思議｜菱角仁皇冠｜
雞蛋糕玩具店｜湯圓攤暖暖包｜早安你好飯糰｜燒番麥心有所屬｜
燒餅油條戀人｜雞蛋冰彩蛋｜麵包車難以抉擇

Chapter 1

手動山河

有一群人，用雙手為支點在城市移動，
也許早出，也許晚歸，
選擇用小小的攤子，提供最即時的撫慰。

杏仁茶時光機

復古手推車是舊時代裡的時光機，
穿越日治時期抵達現代。
將滿滿能量帶給來自各地的旅人。

「古早味」杏仁茶，比例上以米為多。米多，才會呈現些微透明感光澤，質地濃稠；杏仁多，則呈現乳白色，清爽不黏口。

杏仁茶單吃即是美味，若要飽腹也可搭配膨餅或燒餅。饕客多喜配油條吃，滿滿的杏仁漿吸附油條的瞬間，也融化了吃客。市售杏仁茶常添加杏仁精，因此常有擾人的辛辣刺鼻味，但這單純質樸的味道，又豈是化學藥劑能模擬出來的？

麻糬主題曲

好吃麻糬是老闆的個人專輯，
米妮與唐老鴨是最佳代言人。
喀答喀答唱著主題曲，
顧客熱情的召喚就是最好的回饋。

早期的麻糬攤車總會發出獨有的噠噠聲，提供熱茶讓客人們配著喝，攤位旁圍繞著人群喫茶聊八卦，潤喉也暖胃。

時至今日多半是機械自動化大量生產，不再強調手工，選用壓倉糯米研製，強打買四盒送兩粒，但再也收集不了鄰里的任何祕密。

維生素水果牆

用水果砌成的彩色城牆，
是老闆引以爲傲的堡壘，
一顆一顆堅守自己的崗位，
築起健康的哨站。

超商裡擺放的「百分百」果汁，瓶身設計曲線再美，代言明星再有公信力，也比不上現榨果汁攤前那群排排站的多彩水果誘人。

在招牌下仰頭想像各種水果融合後的滋味，番茄檸檬汁、鳳梨苦瓜汁、香橙芒果汁，假想在舌尖上各種不同的風味綻放交疊，甘甜與微酸調和得恰到好處，潤滑口感更是祕密武器。每當夏日，杯外沁著冰涼的水珠，喝一口，緊繃的神經瞬間抖落，世界也跟著清明。

蔥抓餅拿手絕活

兩把鏟子是老闆最厲害的武器，

膨鬆口感得有兩把刷子。

蛋與不蛋都別有一番滋味在心頭。

抓餅老闆是道地東北人，有一回聽他說起老鄉故事，才知道這種層次豐富、呈鬆散狀態的蔥油餅，源自山東地區，本來叫「油旋」，輾轉流傳到台灣後，因爲製作時是用手抓起餅皮，顧名思義就取名爲「蔥抓餅」。

現在基於衛生不用手抓餅了，改成兩手各持一個小鐵剷攪和旋轉著餅皮。老闆用雙手做著家鄉的味道，板上鏘鏘鏘的撞擊聲，如同駛往過往的火車汽笛聲。

肉粽藏寶山

綠色斗篷裡藏著一座寶藏山，
白色棉繩是前往山裡的唯一通路，
一座一座，解了多少飢腸轆轆。

巷口傳來的肉粽攤叫賣聲，彷彿聽見〈燒肉粽〉旋律，那首歌引領著我們穿越四〇年代的艱困，沒蓋起肉粽攤的厝瓦，老闆的人生也只得繼續拌著甜辣醬和薄醬油。

後來的肉粽之爭不知道從什麼時候開始的，南北始終互不相讓，濁水溪以南的戲稱北部粽是粽葉包油飯，北部人則嫌棄南部粽水煮的黏膩口感。但在那一手一口就能滿足的年代，肉粽原是民俗儀式的一環，從來不需要爭什麼高下的。

棉花糖太空船

曬衣架改造的太空船是老闆兒時的夢，
粉紅色棉團撐起偉大的航行。
一絲一絲，我們都來一場夢的旅行。

賣了六十年棉花糖的老闆說：「從前沒有瓦斯，機器得靠燃燒酒精來加熱離心器，再用腳踩動離心器發動。」所以製作棉花糖時得要不斷踩踏帶動小馬達，才能噴射旋轉出孩童手中的輕盈雲朵。

他一邊做一邊搖頭，現在做棉花糖是輕鬆多了，可是吃棉花糖的人卻變少了，童年的夢畢竟是遠了。

麥仔煎家鄉味

手繪招牌是老闆的得意之作，
甜的鹹的道盡甘苦人生。
透明箱子裡承載了家鄉的味道，
紅豆、花生，你的故鄉是哪一味？

麥仔煎的稱呼似乎莫衷一是，麵煎餅、麵粉煎、麵煎嗲都有人說。

傳統做法多是紅豆或花生口味，紅豆餡的有時會捲成筒狀，花生口味則習慣對折後切成三角形，剛起鍋時熱氣蒸騰，外皮焦黃內皮濕潤，是從前媽媽常親手製作給孩子的飯後小點。現在路過麵粉煎的攤位，這軟嫩餅塊的麥穀香氣，總能讓人想起家鄉的味道。

一百分清暑仙草冰

十元的冰涼換得一百分的消暑，
神仙之水打通經絡脈路，
夏日飲用後的全身通體舒暢。

大暑時節，中暑著實難受，這時候若來上一杯仙草冰，不但消暑解熱，聽說還能降火氣，說是飄飄欲仙也不爲過。總在仙草冰的攤位旁咕嚕嚕現場喝完一杯，再外帶一杯，其實巴不得整鍋都包回家。

仙草肯定要剉成絲狀才夠味，滑嫩口感最好入口，沁涼夠勁足以撐過每個難耐的午後。

蜜餞一日滋味

紅色瓶蓋下訴說著各種酸甜苦辣，
灰色報紙宣告今日大事還有赤裸裸的八卦。
挑一口喜歡的味道，
成就今日最美好的滋味。

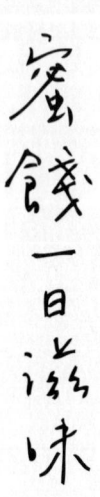

在黑白電視的年代，單幅連環畫配上簡單圖說的小書，可說是文字走向圖像的過渡。

貼著「號外」的書報攤，就負責販售這些最新出版的小書和當期報刊雜誌，也同時販售蜜餞果乾如鹹酥花生、紫蘇梅、辣橄欖等。這些塑膠桶裝的「細秀啊」色彩鮮豔、口味多樣，或許色素稍嫌多點、味道略為重鹹，但這酸甜苦辣混雜的滋味，卻是同學們下課後閉著眼睛、踩著夕陽就能找到的熟悉味道。

堅持口味手工汽水

古法煉製是老闆的中心思想，
CO_2加水數十年來如一日，
橘子、蘋果、百香果，
還有一種口味叫堅持。

正港的現打手工汽水，仍有年逾七十的阿伯努力守護著。有草莓、百香果、蘋果、葡萄、沙士、橘子等多種口味，先加入一點碎冰，注入打入二氧化碳的透明碳酸水裡，最後拌入不同口味的糖漿或果醬，飲用前搖一搖，記憶就這樣依附其上。

時光未曾停留，用丹田宏亮叫賣的老闆，數十載後眉宇間仍感受到一股強大的堅持，但在談吐間卻是灑脫地笑看一個新世代。或許將失傳的不是手藝，而是這相信會更美好的信念吧。

雜貨行動便利店

斗大汗珠是最強的驅動能力，
麻雀雖小五臟俱全，日常用品樣樣俱備，
這裡沒有清脆的叮咚聲，
有的是滿滿的人情味。

「喊玲瓏，賣雜細」這古語專指現代的「雜貨」，這是最早期的流動百貨，古早時候，賣貨郎挑著扁擔配草鞋，一步一腳印踏遍鄉里，配合著叮叮咚咚的玲瓏鼓聲，是鄉里間不需言傳的宣傳廣播器。

現在雖然商店林立，仍有攤主手推著推車沿街銷售這些日常用品，體力或許已不如從前，但日日營業除了維生，也是放不下的執著，老闆笑說：「年歲大了，不出來走走，閒閒無代誌，日子怎麼過？」

糖葫蘆護衛隊

一列列紅色衛兵是老闆的貼身護衛隊，
晶亮透明的外衣是護衛隊的正字標記。
甜中帶酸攻佔你我的心房，
我們都舉手投降。

串裹著糖衣的「冰糖葫蘆」，台灣話叫「烏梨仔糖」，在天津則稱之爲「糖礅」，雖然成本低廉、製作過程不繁複，但眞要說來也深藏巧勁功夫，其中熬糖火候最關鍵，沾糖的動作一定要快，慢了糖會降溫凝固，吃來就黏牙不脆口。

從前小販會把糖葫蘆插在竹掃把上沿街兜售，用紅通通的簡樸草靶妝點出童稚的浪漫趣味。

發糕後花園

卡其色花朵是老闆精心照顧的後花園，
一道道繁複手續注入養分。
專注地綻放美麗的十字花瓣，
開成遍地的花團錦簇。

客家人稱發糕為「發粄」或「缽粄」，傳統的缽粄為紅色，加入紅麴製成，還有單放白糖的白色缽粄，以及放二砂糖的黃色缽粄。

老一輩特別喜歡紅色求吉討利，挑揀著鐵盤上開得像朵花的紅缽粄，像是一整年紅紅火火的好預兆。

銅鑼燒百寶袋

滿滿的銅鑼燒是老闆的點心百寶袋，
紅豆奶油花生樣樣都來。
這裡歡迎沒有任意門的小叮噹。

對於經歷過日據時代的長輩來說，吃銅鑼燒可有一點雪恥的味道。那時候台灣囝仔沒錢，眼巴巴望著日本小孩用鼻子出氣、下巴看人，買來就大口大口咬，也只有瞪大眼流口水的份。

許伯伯就是忘不了自己孩提時的記憶，後來有機會當學徒，學成之後落腳三重，就這麼擺起攤來，至今八十有餘仍不敢退休，「我怕台灣囝仔吃嘸啊！」。他用一輩子的努力，製作一個一個蜜紅豆銅鑼燒，覆寫當年的回憶。用煎到金黃微焦的餅皮，包起綿密的幸福滋味。

青草茶神奇療效

一個個小抽屜內含神奇療效，
慢火熬煮滴滴辛苦，
啜飲一口退盡肝火。

青草茶、涼茶、苦茶、百草茶，其實都是指同樣的東西。在早期醫療系統未普及的年代，是熬成湯藥服用。而且，雖然叫做「涼茶」，但傳統上是要「溫喝」，喝來苦中帶甘。現在則變成盛夏時退火解膩的養生冰涼飲品。

古早的涼茶鋪其實不賣茶，而是直接販售藥材包，要喝就自己回家煮，依喜好斟酌加糖。後來老闆會賣熬煮好的，挑著扁擔沿街叫賣，或發展成固定位置的攤車，不裝瓶，用塑膠袋束口插吸管直接飲用，喝下後薄荷涼感頓衝腦門，淡淡草香久久不散。用多種中藥熬製的青草茶，每嘗試一間新的，都有神農嘗百草的冒險快感，喝下的那瞬間才知道是否貨眞價實。

炭火雞蛋糕藝術品

斑駁的雙手創造出一車堅持，
炭火細膩火候烤出讚不絕口的酥脆，
個個都是獨一無二的藝術品。

小小攤車上有三口傳統的炭火爐，滿頭白頭髮的阿伯話不多，總是慢條斯理的在模具刷上油，舀起雞蛋漿在碗公裡，再用湯匙舀入模具中。因爲是炭火製作，火候並不好控制，偶爾也會把雞蛋糕烤焦，這時阿伯會敲打或用刀片把燒焦雞蛋糕表面刮除。

雞蛋糕模具和一般常見的不同，老人家說這是用了十幾年的老東西，握柄是自己削竹子綁牢的。梅花形模具，印著福字，菱形的模具印著伍，阿伯就這樣，從一個雞蛋糕五毛賣到八塊錢，一桶雞蛋漿、三口炭火，轉眼就是半世紀。

豆花心頭肉

米白色面紗底下有一顆脆弱的心，
晶瑩剔透讓人不忍移開目光，
咕嚕一聲，我的心頭肉。

綿密細緻的口感搭配黃豆甜香和微微焦香，是最讓人鍾情的味道。早期賣豆花的是用竹簍挑著走，木桶裡有爛熟的花生仁，加點薑汁更提味，冷天吃來暖呼呼的。

記憶中的豆花是用推車沿街叫賣的，路旁的豆花伯總也使勁地推，龜速前進的車子，載滿了關於食物的渴望，也順便慰藉了亟需救贖的胃袋和心靈。

炭烤地瓜不可思議

樸實的外在底下有著不可思議的驚奇，
剝下炭烤後的土焦脆衣露出黃色綿密，
每一口感動除了好吃還有老闆的用心。

小攤販們將烤地瓜的觸角延伸到全台各地，許多店家也發展出連鎖字號，有些號稱用進口龍眼木手工炭烤、有些則堅持繼續用甕窯燜烤，不過不管是哪種，只要喊得出名號的名店家，幾乎都是沒預約沒口福。

在台南官田區，有位老闆娘特有個性，挑選地瓜像挑女婿，依照產季供應不同當令品種，黃地瓜、紅地瓜、山藥番薯輪番上陣，當然也非到產季時，老闆娘寧願關門歇業。顧客只能癡癡盼著，等待下一輪銷魂的滋味！

菱角仁皇冠

車來車往的路旁販售同樣款式的黑色皇冠，
精挑細選堆成一座閃亮高山，
快來採一頂自己的專屬皇冠。

都市裡賣菱角的攤車大多會停在夜市入口處，老闆問明要買多少之後，就會將覆蓋其上的白厚蓋布打開，瞬時熱蒸氣竄出，菱角清香充滿整個鼻腔，厚重的鏡片一不小心就霧掉了。

一百元可買一大包，用紅白塑膠袋裝著，騎車帶回家分食，滿滿一整袋秋天的氣息。

雞蛋糕玩具店

可愛造型深獲好評，大象手槍摩托車，
不分男女老少都想擁有的童心經典款。

剪刀式脆皮立體雞蛋糕，聽說傳自日本，簡單的麵粉糊搭配可愛動物或卡通圖案的模具，創造出小朋友歡樂的回憶，時間交疊轉換，也是大朋友遙想的記憶。

湯圓攤暖暖包

白的紅的是寒冬中的暖暖包，
一顆一顆溫暖了失落的胃，
小小能量燃起了大大希望。

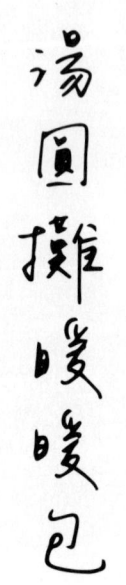

民俗傳統是這樣說的，冬至當天吃一顆湯圓就長一歲！小時候只想著要快快長大，一口氣能吃上好幾顆。

心心念念的湯圓攤，手寫招牌一筆一劃寫出各式品項，到了冬至前後總是大排長龍，只見老闆娘身手利落的包著芝麻、花生和鮮肉等不同餡料的湯圓，也有佐配紅豆湯或花生湯的小湯圓。手工製作現點現煮的滋味，哪怕得等上好一陣子，仍是冬夜裡最溫暖的加油站。

早安你好飯糰

土黃色木桶裡藏著不能說的祕密，
一下兩下老闆變了一場魔術，
轉眼瞬間變成了一聲早安你好。

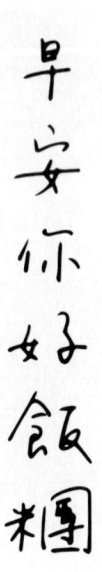

木桶煮出來的熟白糯米，粒粒分明，口感彈牙，伴隨著熱騰騰的蒸氣，老闆用包著塑膠袋的雙手，捏著最愛的辣蘿蔔乾、老油條、肉鬆、酸菜、花生粉，組合成難以抵擋的滋味。

每咬下一口，層層都是驚喜，小小一顆讓一整天都充滿能量。今天要配豆漿還是奶茶好呢？

燒番麥心有所屬

一支支金黃色玉米在烤盤上輪流轉動，
圍觀客人目不轉睛盯著自己的心有所屬，
目光裡倒映著一粒粒飽滿金色光輝。

燒番麥這種小食，包含著種種大學問，有一陣子流行過石頭玉米，用熱黑石頭先燜烤再上烤台，以鎖住玉米本身的清香，除了烤的方式之外，有些店家老闆連醬油都是私釀，豆子發酵後再加鹽巴下缸，慢慢等上數個月。

香料有八角、陳皮、桂枝、小茴香等等，有些還有甘草，得照不同比例調配，再用文火慢燉，各攤皆有自己的獨門醬料。這慢火燒烤的等待催趕不來，需要時間調味的魔法，讓燒番麥混雜了這麼多味道後，還能吃進一粒粒堅持的好口味。

燒餅油條戀人

烤爐油鍋的試煉威脅不了他們，
打從出生就約定一生一世，
你我都是成全彼此的恩人。

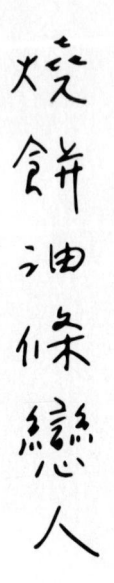

依稀記得校園門口，那個在油炸鐵鍋前打燒餅、炸油條的老闆，總是身穿殘留油汙漬的白色背心，腳踩藍白拖，重複著貼爐的熟練功夫，以及搓揉麵糰後往滾燙的油鍋裡一拉一放的巧勁，動作流暢一致，從旁圍觀好像在看戲一樣。

而眞正讓人難忘的，卻是清晨時分，手拿一副，大口咬下燒餅油條，那無法替代的滿足滋味。

雞蛋冰彩蛋

冰桶裡的金屬彩蛋冰鎖了童年的回憶，
褪去繽紛的外衣赤裸著一股清涼綿密，
原來這就是舌尖裡的記憶。

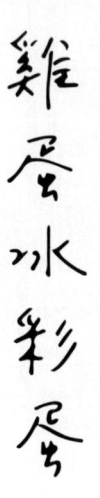

手推車上有著古老的木製保冰櫃，招牌上「雞蛋冰」三個字繞著一隻雞，兩旁「美味芬芳，營養豐富」得由右到左讀。

記憶中推著攤車在大街小巷中叫賣的雞蛋冰，老闆的喇叭總是即時召喚出心裡的渴望，讓人不顧一切就往外衝，小孩心裡最大的交戰莫過於，今天要吃巧克力口味，還是花生口味？泛黃了童年，夾著多美好的煩惱。

麵包車難以抉擇

透明櫃裡一排排小時候愛吃的口味，
五花八門各式各樣難以抉擇，
沒有華麗的外觀，
留在口中的是最樸實的味道。

在台北，已經看不到正港麵包車的蹤影了，雖然偶有造型特殊的麵包車出沒，但都不賣麵包，而是販售咖啡、鬆餅等流行食物。那種販售各種傳統麵包、餅乾，甚至還有幾瓶調味奶的麵包車，似乎已經銷聲匿跡了幾十年。

而那些用一個個菠蘿麵包、海綿蛋糕養大孩子的老闆們，似乎也享清福去了，再也不見蹤影。

紅茶冰夏日綠洲｜皮鞋魔法師｜資源回收五味雜陳｜
時光隧道電影宣傳車｜龍鬚平價帝王｜雞毛撢子學功夫｜
多瓜茶說故事｜麥芽餅好夥伴｜冰淇淋交響樂｜
古早麵茶過去時光｜烤香腸拚輸贏｜臭豆腐表裡不一｜
棉花糖魔術箱｜養樂多調色盤｜捏麵人美術館｜番薯糖涮口零食

Chapter 2

腳踏日月

他們用雙腳轉動輪子，用單車啓動人生，
這是穿梭於大街小巷的行當，
而改裝的行囊則是工作者偷渡的夢想。

紅茶冰夏日綠洲

冰鎮過的清涼是炎炎夏日裡最好的解暑劑，
一杯杯回甘的滋味是夏季熱浪沙漠中的綠洲。
以及老闆揮灑汗珠後的果實。

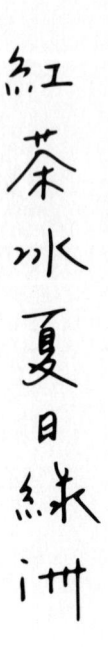

紅茶冰說起來只有這兩味：台灣本地紅茶的香醇和二砂糖的回甘滋味。褪去繁複外加的食材，傳統古法最重要的是煮茶功力，這才是底蘊眞功夫。糖的濃度也要仔細斟酌，不能甜到結晶，也不能稀到過澀，冰塊比例要拿捏得準，沒有半糖去冰微糖少冰，只有老闆心中的黃金比例才稱得上「紅茶冰」。

皮鞋魔法師

老闆手中的工具是不可思議的魔杖，
擁有化腐朽爲神奇的魔幻力量。
旁敲側擊，東擦西抹一轉眼一片光亮，
是街頭最佳魔法師。

天熱時，鐵馬總停在公園樹蔭下，老師傅不僅修皮鞋也補雨傘，那年頭的傘似乎比較耐操，縫縫補補也還堪用，這些年天氣亂象多，街頭常莫名成了雨傘屍體棄置場，慘不忍睹。

待修皮鞋則是單腳單腳地掛在鋁箱外，像是領號碼牌在等著，早期他們接待的客戶多是地方仕紳，當時能穿上皮鞋踏柏油路的，肩上可都背負著眾望，老師傅則修補著鄉紳們隱踩在腳下不為人知的破洞。

資源回收五味雜陳

一份份的整齊堆疊展現過人的耐心，
一桶桶的排列收集體現堅強的毅力。
一步步踏出盡是人生的五味雜陳。

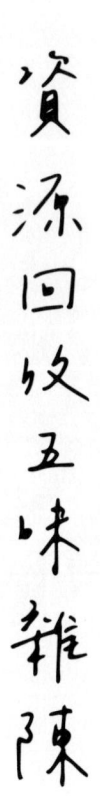

做資源回收的，習慣上我們不會稱呼為老闆或頭家，「拾荒者」、「撿破爛」他們經常被這樣稱呼著。

這群人默默地在角落將無用化為可用，從破敗中找到材料。當時代愈走愈快，東西汰換的速度也愈來愈快，他們總能看到這些廢棄物的價值：跟不上時代的映像管電視、款式落伍的諾基亞手機，阿伯細心的清理著，「修理修理，還可以用呢！」

更有甚者，將收入投入公益，助學濟貧以盡一己之力，這些人或許都是社會上的不起眼小人物，但發揮的力量可一點都不小。

時光隧道電影宣傳車

腳踏車上播放著今日上映，
手繪海報看板戀戀風塵，
我們穿過時光隧道來到1986。

早期電影宣傳用的人力車沿街廣播，用四片木板架起「今日放映」的看板，上面刊載著最新上檔的電影訊息。在還沒餘裕將電影欣賞帶入生活的過去，只有逢年過節才能上戲院看戲。聽到一聲聲廣播，彷彿多了理由應該去看戲。

那海報上男女主角永遠青澀，齊耳的學生頭和卡其色制服的少年少女，詮釋著沒有手機和電腦的清純戀曲，隨著電影凝結成永不褪色的記憶。

龍鬚平價帝王

白色細絲是龍鬚辛苦編織的白袍，
入口即化是他的天生優雅。
些許的付出即可換得的平價帝王。

每每在慶典或廟會後方看見那用紅色楷書落款的招牌字樣，塑膠大盒子裡罩著有點透的乳白色糖霜麥芽糖，便會不自主地靠上前去，不是貪吃，而是看一場 show。

這製作過程充滿力道、巧勁與真功夫，且看老闆如何將麥芽糖從一整塊，在糯米粉中經過不停的拉開、沾粉和再度拉開的過程中，最後變成上百條白色的細糖絲，這千絲萬縷的糖絲會再包入花生、芝麻餡料成蠶繭狀，就是老少咸宜的龍鬚糖了，輕輕咬下一口彷彿自己也要黃袍加身了！

雞毛撣子學功夫

一把把雞毛練就十年磨練，
一片片羽毛揮灑千塵萬灰，
屏息以待的身輕如燕。

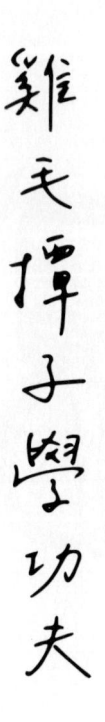

聽說雞毛撢子起初的工法是乞丐發明的，賣了錢，回頭就成鄉里間的活兒，完工就堆上攤車去兜售。

在農村社會時代，雞毛撢子、豬鬃刷、竹籃、竹簍這些東西會一起賣，老闆的推車攤販想比別人家的醒目，東西得堆的像座小山才行，用滿滿的掃除用品引著主婦上前揀選，這是除舊佈新前的最重要採買行程之一。

冬瓜茶說故事

低調復古的攤車正訴說著自己的故事，
與當地居民、往來遊客共同寫下小鎮的歷史，
喝的不止透心甜還有古早的手工味道。

冬瓜茶原料取用容易且價格低廉，但在連煮開水都嫌浪費柴的年代裡，若能喝上香甜的冬瓜茶，則多是犒賞獎勵或年節活動才有的好康。

因此，每年各地盛大廟會，都可見冬瓜茶攤的蹤影，廟會幾天，攤販就棲身幾天，最後一天再連夜推車回居所。只見櫃子裡固定放著幾個湯碗，可以直接站在攤子邊上就著碗喝，或隨興坐在路邊樹下，或站或坐，一樣消暑解渴。

麥芽餅好夥伴

麥芽餅是黏人的好夥伴，
唇齒難分，口手不離。橘黃色的透明，
將童年與成長連接成一片美好滋味。

老闆的腳踏後座藏著祕密鐵盒，是一桶金黃似蜜的麥芽糖。

最單純的吃法，是用木棒攪動麥芽糖，用竹筷捲成一小球狀，一口一個，甜糯芬芳。有時候想吃豪華版，則可看見老闆將圓形餅乾放上裹滿麥芽糖的酸梅乾，再用另一片餅乾覆蓋其上，做成麥芽糖餅，吃來盡是甜鹹交織的多重滋味，則更令人難忘。

冰淇淋交響樂

遠方的叭噗叭噗是孩童心中的交響樂，
譜出夏日口中的美妙樂章。
傳統不變的滋味，是兒時最眞實的印記。

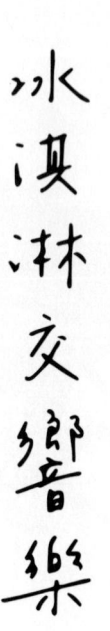

腳踏車上掛著黑皮囊的小喇叭，一按就會發出「叭噗～叭噗～」的聲響，久而久之，「叭噗」成了冰淇淋的代稱。更早時，攤車其實是用鈴鐺聲作爲信號，但因爲鈴鐺聲普遍被使用，不管是舉行法會、交通警示，或是給囝仔收驚都用鈴鐺，因此才漸漸地發展出這種獨特喇叭發出的聲響。

每當放學時，總有許多小朋友舉著銅板聲聲呼喚，「我要芋頭」、「老闆，酸梅」、「花生加鳳梨」，老闆總是「好好好，等餒，稍等餒」，溫吞地笑著，慢條斯理地挖著冰。現在回想起，像是看一部黑白電影，老闆用他的緩慢步調，一一填補了我們的平凡幸福，將滿足寫在每一個小孩的臉上。

古早麵茶過去時光

汽笛嗶一聲喧鬧戛然而止在午後，
香氣四溢的麵茶粉凝結在空氣中，
炒過的麵粉和著滾燙的熱水，
溶成一段過去的時光。

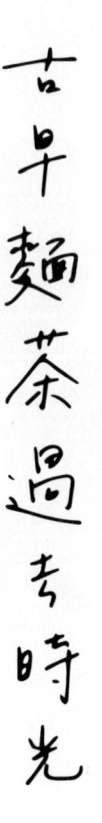

賣麵茶的汽笛聲似乎總在寒冷的冬夜響起，看著冒著白煙的大茶壺，寒意似乎也慢慢褪去。

其實麵茶阿伯不只有賣麵茶，也有賣太白粉和杏仁茶，而最令人稱道便是一手沖泡的好功夫，當他將偌大的長嘴茶壺高高地舉起，滾燙的熱水便在半空劃出長長的弧線注入碗中，這手勢不僅優美，而泡出來的麵茶似乎也特別滑順香濃，阿伯也許說不出什麼大道理，這不起眼的飲品卻藏著他日復一日練出的好手藝。

烤香腸拚輸贏

香氣四溢的白煙裡瀰漫著骰一把的誘惑，
骰子與碗公撞擊出緊張的配樂，
是得是失全看這一把拚輸贏。

現在偶爾還看得到附有十八豆仔（骰子）的烤香腸攤，三顆骰子執入大碗公裡，「十八啦！」喊得響亮、氣勢如虹，「豹子」通殺執出正港台灣味。

夠味的「灌腸」會選用豬前腿肉、羊腸灌製，有些加入中藥和米酒，在炭火燒得紅通的同時，也逼出淡淡藥材香，食用時再搭配蒜頭，辛辣味在口腔亂竄，特別爽快！

臭豆腐表裡不一

這裡的臭味象徵美味的詮釋，

卸下引人注目的面具揭開眞實身份，

原來只是表裡不一。

在苗栗勝興車站前可以看到這樣一台腳踏車，古早味的舊式腳踏車鏽跡斑斑，看起來格外復古。原本的座椅上裝著一大盆滷得透透的臭豆腐，腳踏車前面的菜籃則放了一個鈴鐺，上面寫著「購買鈴」，用在老闆離開備料時以備不時之需。小小的腳踏車攤位，賣的東西不多只有三種，所以點餐時像去麥當勞一樣選擇編號，吩咐老闆是否加辣後，結帳。

這輛腳踏車停在老吳的店前面，原本是開餐廳的，近幾年老闆才在店門口加一台腳踏車販售臭豆腐、米血、大腸，沒想到生意竟然比原來的餐廳好得多，成了另類景點。

棉花糖魔術箱

圓形金屬桶是老闆的魔術箱，
一圈兩圈旋出夢想世界，
軟綿綿、輕飄飄，
這是吃得到的雲朵和最甜美的夢。

一圈圈的糖絲包裹的是什麼呢？大概是甜絲絲的回憶吧！總好奇棉花糖是怎麼做出來的呢？這種視覺跟味覺的雙重享受是童年最快樂的記憶。

據說棉花糖第一次亮相是在二十世紀初年美國的世界博覽會上，原理是將糖加熱後溶解成糖漿，再經由高速旋轉，讓糖漿由容器左右細孔噴射出來，遇到空氣就成為一絲一絲的固體，用竹籤將糖絲黏起來，就是棉花糖了。這最初被稱為「仙女絲」（Fairy floss）小食，吃起來其實並不出奇，但看到了總讓人忍不住要買，像買下夏夜裡的夢一樣。

養樂多調色盤

養樂多車是穿梭在灰階巷弄裡的調色盤，
藍的紅的在酷熱難耐的日子裡抹一道清涼。
是夏日中稍縱即逝的馨甜。

民國五十三年開始引入台灣販售的養樂多，因爲當時普遍貧窮，小朋友營養不良，養樂多公司以營養健康的形象出現，並和日本一樣推廣養樂多媽媽宅配到家的方式，快速的將知名度打開。

早期便利商店不存在的年代，養樂多媽媽幾乎就肩負了全部的銷售量。在民國八十年代，那些養樂多媽媽一年的薪水可以在三重買一棟房子，她們也藉此養活一家，隨著三步一家的便利商店，這樣身影慢慢淡出了街道。然而她們在許多人心裡不只是單純賣飲料的小販，更是許多人童年中難以忘懷的身影。

捏麵人美術館

迷你美術館裡各種動物角色應有盡有，
博物館裡高不可攀的藝術品這裡沒有，
這裡有的是雙手塑造出的傳統藝術。

在廟會附近的攤位，除了「炭烤膨餅」之外，最喜歡的莫過於捏麵攤了。開始捏麵是捏成牲禮的樣子，用以祭祀祖先神祇，這是窮苦農村裡大家對先祖的一片心意。

也因爲如此，小孩子看久也就膩了，不知道是哪個老闆突發奇想，就發展出新一套系統，如孫悟空、豬八戒等特色鮮明的傳說主角，讓孩子愛不釋手。與時俱進的攤位現在則多插著米奇、史努比等卡通人物。

香薯糖涮口零食

香甜的金黃加上特調糖漿是最涮口的零食，
滿口地瓜香在唇齒間留下了美妙的記號，
手工嚴選製造是老闆一生的堅持。

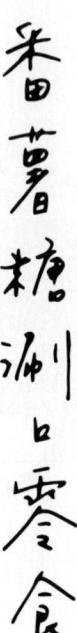

甜蜜蜜的番薯糖，又叫蜜地瓜、地瓜蜜，或是番薯籤。先將番薯煮軟後再讓麥芽糖滲透整個纖維，使它內層變得綿密濕潤，起鍋後會再裹上一層晶瑩剔透的糖衣，功夫一點的攤子，會幫現吃的客人準備冰塊急速冷卻，讓外皮脆化，口感更豐富。

綠豆蒜最佳男主角｜香蕉車遊樂園｜豬血糕穿新衣｜
爆米香的宣誓｜茶燕街頭藝人｜熱帶水果演色表｜
古早滷味展示櫃｜車輪餅製造機｜早餐車選擇題｜
代步車全能改造王｜郵差先生全民天使

Chapter 3

機轉大地

這是個被機車佔領的國度，
初來乍到者不免爲此處川流的陣勢所懾，
對他們而言機車不只是交通工具，也是工作和營生。

綠豆蒜最佳男主角

碎冰與糖水是稱職的配角，
綠豆卸下綠色外衣搏命演出，
在炎炎夏日中演出一部清涼的戲碼。

根據南部鄉親的說法，這本來是傳統流水席上常出現的飯後甜點，因爲外觀和搗碎的蒜頭極像，故名綠豆蒜，實際上跟蒜頭沒關係。北部人對此較不熟悉，算是車城恆春一帶的特色小吃。

起初綠豆蒜是吃熱的，先將綠豆去皮蒸煮、加入糖水中勾芡，單吃就能吃出綠豆濃郁的香味。但小吃中綠豆蒜卻是冰的，碎冰之外有些還會加入粉條粉粿等，相當適合北回歸線以南的天候，聽說是後來恆春人改良的新式吃法。

香蕉車遊樂園

黃澄澄一片山中金礦是老闆最珍貴的寶物，
用它們打造一座金黃遊樂園。
在口中來一趟香甜奇幻之旅。

「香蕉王國」這宛如黃金夢的稱號，曾經是台灣的代稱，雖然現在出口量不如前，香蕉仍是全台熱愛的國民水果，金黃誘人，伴隨著特有的水果香氣，帶來甜蜜的幻想。高雄的旗山更是以香蕉爲名，打出了名號，將香蕉和地方觀光劃上等號，讓沉寂的小鎮就此復甦。

每每遇到騎著機車在馬路上穿梭的香蕉車，都忍不住上前光顧兩串蕉，就像是答謝蕉農們依然持續這平實不放棄的努力。

豬血糕穿新衣

車上擴音器不斷播放著美麗誘惑，
紅色黃色大衣任人選擇，
還可以別一個翠綠胸針。

雖然被歐美人士評爲全世界十大怪食之首，但卻一點都不影響豬血糕在台灣人心中的地位，這用竹籤串起的台灣情，早在以農爲生的年代就深植民心。昔日生活困苦，殺鴨後連血都捨不得浪費，製成「鴨血糕」，但鴨肉價高，雞血又不易凝固，後來漸以豬血代替，成爲人盡皆知的「豬血糕」。

好吃的豬血糕得沾上獨門醬汁，均勻地撒上少許香菜，再裹上厚厚的花生粉，咬下一口盡是飽足和美味。

爆米香的宣誓

碰的一聲不是爆炸而是美味的撞擊，
它用聲音宣誓，用香氣迷人，
我們都趨之若鶩品嘗它的魅力。

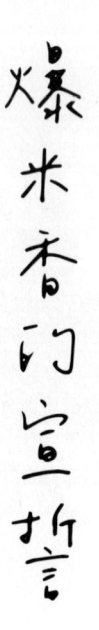

早期每當小販來時，大家會拿裝了白米的鐵罐給老闆，當米被放入加熱爐內，不停滾動加熱讓米粒逐漸膨脹，周圍期待和興奮之情也隨之升溫。

隨著老闆大喊一聲：「欲碰啊！」圍觀的小孩們紛紛緊張的摀著耳朵，緊接著「碰」一聲，混合著小朋友的尖叫聲和暖暖的香氣，在空氣中久久不散。每每想著香脆的米香，想要走近，但想到米香爆時的聲響，又忍不住要倒退了。

菜燕街頭藝人

紅色大衣是顯眼的打歌服，
車上播放著喧鬧的背景音樂，
老闆的招呼聲是最引人注目的街頭實況秀。

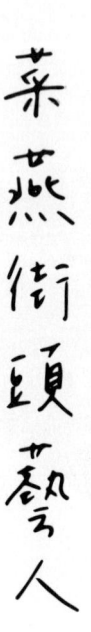

炎炎夏日，特別容易被攤車上的透明冰櫃吸引，尤其是那排列整齊，吃起來冰涼滑溜，清甜帶香的半圓碗形菜燕。每當攤車的嘎嘎聲響起，Q脆口感滑入喉間，瞬間替炎熱夏日帶來一股清涼。

熱帶水果演色表

黃色橘色紅色是老闆心中最屬意的色票，
一列列排開成美麗的演色表，
暈染出一片熱帶夏季。

和大賣場相較，「信賴」是水果攤主雇之間重要的連結，除了價格必須公道之外，老闆挑水果的功力自是比擬招牌的亮度。

賣水果的專業不僅如此，還得要了解每種水果的種植方式，一回，老闆透露一個挑水果的終極祕訣：「無論什麼水果，蒂的地方凹得越深就越甜。再來就是一聞、二看、三輕捏。」

古早滷味展示櫃

排列整齊是老闆的看家本領，
一塊塊仔細堆疊分門別類，
快來展示櫃選一道喜歡的口味。

滷味的香氣好壞，幾乎就是從核心的滷包決定了，通常都用小棉布袋裝著，避免烹煮時辛香料的碎渣沾染到食材，講究一點的，還會特別用幾十種藥材，甘草、無花果，樣樣都入藥。

其實細究滷味的用料並不昂貴，爲了取其口感，食材處理需要的是經驗和功夫，才能不腥不臊，入味又保持口感。

車輪餅製造機

招牌背後隱藏著大型製造機，
紅豆奶油裹著棉被安穩躺在圓盤裡，
迎接最後一滴的完美包覆。

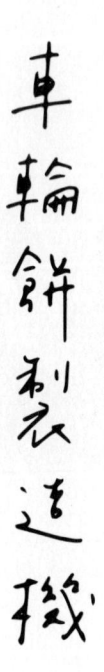

年輕人叫它「車輪餅」，有些會用熱賣口味直接稱之為「紅豆餅」、「奶油餅」、「菜脯餅」，但問經歷過日據時代的老人家，他們會說這叫做「たいこまんじゅう」，中文直譯是太鼓饅頭的意思，原是從日本傳到台灣的小點心。

車輪餅的外皮跟雞蛋糕成份雷同，都以麵粉、雞蛋與砂糖製成，將麵糊倒入烤模後旋開麵糊，塡餡後再翻面烤至金黃色，至餅皮完全離模才可以取出。看似簡單的過程，其實考驗著師傅的功力，他們不停轉動烤模，翻看哪個已經烤香可出爐，在烤模輪盤下微調火候，細心照顧著每位顧客的敏感味蕾。

早餐車選擇題

晨間的早餐車是一張選擇題試券，
ABCDEFG不止四個選項，
選一份自己的一百分給這美麗的早晨。

相對於超商的便利早餐，早餐車最令人垂涎的莫過於現煮滋味，無論是蛋餅、鐵板麵、豆漿，還是限量一鍋的早餐粥，熱騰騰的白煙在冷冽冬天特別慰藉人心。

老闆像個魔術師，總能因應各種要求，做出花招百出的客製化早餐組合，最厲害的是能記住每位顧客的特殊需求，「玉米蛋餅多撒一點胡椒不要辣」、「蘿蔔糕加蛋和冰奶茶放一袋、蛋餅和豆漿放一袋、肉包兩個花捲一個放一袋」，心算級數更是一等一，「美女你的43、弟弟你的剛好50、帥哥你的108。」

老闆的手路菜，是用錢買不到的溫暖問候，開啟你美好的一天。

代步車全能改造王

車主用善心改造代步空間，
幫助需要的人穿梭在各地來來往往，
滿滿的愛與關懷比顯眼的外觀更動人。

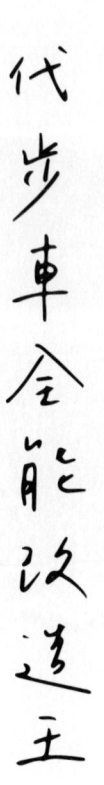

醫療代步車充滿行動不便者的流動回憶，現在台灣已走入老年化社會，車主除了行動不便者又多了銀髮族。

因爲功能有所差異，所以款式不一，台灣有位用心的代步車設計師，爲行動不便者特別「打扮」車身，他將車子當作是使用者身體的一部分，像是量身訂製般加上車籃、裝設雨棚、添增靠墊扶手等等，看起來舒適無比，也更符合他們的需求，不論風吹日曬都不怕。醫療代步車是行動不便者的雙腳，雖然時速不高，但也隱隱藏著想要浪跡天涯的心。

郵差先生全民天使

一身綠衣穿梭在大街小巷，
春夏秋冬滿滿使命必達的熱情，
你是我們的天使！

有一個年代，沒有快遞沒有宅急便，只有郵差先生，不管多遠的訊息，都得靠郵差先生傳遞，只要郵務車停在巷子口，整村的人都會等不及湊上前看郵差搬什麼東西下車，像是聖誕老公公空降發送禮物。

讓人期待的是遠方親友的訊息，還有外地的親戚寄來的禮物。那時候，還沒有規定統一包裝格式，幾乎都是用塑膠袋裝著，外層用報紙包覆，再用棉線綁著。郵差的手多有報紙油墨，黝黑的臉刻著歲月，一站一站傳遞了多少期待和溫暖。

大力水手蔬菜車｜水果嘉年華｜花生菱角好鄰居｜

披薩車搖身一變｜紗窗日常萬事通｜

小籠包海市蜃樓｜烤鴨選美比賽

Chapter 4

輪動四季

一台發財車，也是上山下海的移動商店，
搬運著當令的盛產，也輸送著此地匱乏，
用叫賣聲提醒著顧客，他們時時固守的崗位。

大力水手蔬菜車

轉角傳來的是老闆洪亮的叫賣聲，
菠菜生菜胡蘿蔔滿滿一車的卜派能量，
爲我們擊退體內惡勢力。

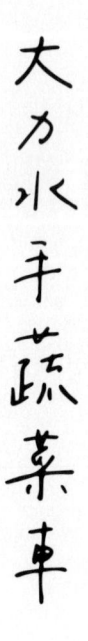

在台北買菜，是上市場到超市，然而有一群賣菜的商人，卻是開著發財車進入偏鄉社區賣菜。因為位處山區，出入稍嫌不便，因此伙食補給還得仰賴定期出入的菜販車，補充青菜水果甜食。

隨著賣菜車的廣播聲，已經培養出深厚感情的老顧客們也紛紛出籠，賣菜的不只販售三餐所需，老闆還得記得每家每戶的喜好，哪家的孩子愛玉米，哪家的婆婆要買菜心，老闆不只賣菜，也賣一份人情。

水果嘉年華

各色各樣的彩色氣球點亮繽紛嘉年華，
老闆帥氣的站在一旁等著大家來參與，
一人一顆此刻我們共襄盛舉一場盛會。

以前常聽人家說，台灣是水果王國時沒有多大的感受，這幾年出國晃了幾圈，才深覺台灣水果果眞強大。果農一年僅收成一次，當他們頭戴斗笠、穿袖套，坐在發財車前納涼打盹時，其實是在兜售一整年的汗水，一公升二十三元，俗俗賣。

花生菱角好鄰居

樓上樓下互相住著彼此，
他們和睦共處共退外侮，
只爲了建造一座共同的堅固角堡。

當菱角和花生的車子停在街角，冬天也不遠了。

車上滿載的菱角花生，帶著滿滿豐收的意象沿街行駛，像這樣的攤車，偶爾也有兼賣著玉米、芋頭一類的小食，伴著熱騰騰的白煙，說起來吃時花的功夫多、放到肚子裡少，加工不過就水煮加點鹽，不知怎麼卻愈吃愈有味。

披薩車搖身一變

一片片餅皮躺在烤箱裡緩緩膨脹成長，
番茄羅勒起司是他們最好的夥伴，
搖身一變成瑪格麗特。

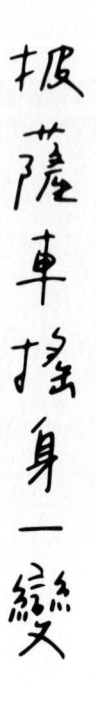

在東海岸有這樣一台車，不停播放著來自牙買加的雷鬼音樂，綁著辮子頭包著頭巾的老闆，一身黝黑膚色和一口潔白的牙齒，雙手一面轉著餅皮，身體還微微隨著音樂擺動，哼唱著不知名的歌曲。

車上不只有隨時出爐的披薩，還有老闆錄製的手工CD，一樣用披薩盒裝著，他說晚上他有表演，問我們要不要去聽聽。不過，能站在蔚藍的海岸邊，聽著音樂，咬一口披薩喝一口啤酒，還有什麼比這更棒的事呢！

紗窗日常萬事通

紗窗紗門玻璃樣樣精通，
鋁窗門鎖木門各個不缺，
這是日常的發財萬事通。

「修理紗窗，修理窗仔門」小時候常聽見這聲音在街頭巷尾無預警響起，長大後倒是少聽到了。前陣子再聽到，衝到窗台邊探頭一看才發現，發財車的遮雨棚上方竟寫滿服務項目，這種從高視角才看得到的細節，讓人不禁會心一笑。

這種專業修繕紗窗紗門都是經驗豐富的老師父，他們不懂行銷，不會花稍的促銷方案，也沒有連鎖企業打出的「總統級」到府服務，但他們無論量多或少、大或小、一片或多片，統統幫你弄到好，修好之後還不忘跟你說聲，「這紗窗拆下來洗之後若裝不回去，就打電話給我，裝回去免錢！」

這種鄉里間的售後服務，無價。

小籠包海市蜃樓

一幢幢土黃色城樓聳立在藍色海平面上，
濛濛的白霧遮住了前方的視線，
打開房門原來是一場海市蜃樓。

現在以小籠湯包著名的店家，都特別講究摺數，而且要學成出師，還得做到包出來的個個都能「坐著似口鐘，挾起像燈籠」，這種薄皮半透明滿湯汁的類蒸餃湯包固然好吃、味道鮮美。

但在街邊吃到的小籠包多半是發麵包子，外皮厚而鬆軟，白胖帶勁，竹簍蒸好之後還會吸附內餡湯汁的傳統味，吃起來沒這麼精細，卻是真能管飽肚子的小食。有時候賣不夠，老闆在攤車上就擀起麵糰，看似擠擠捏一捏就蒸起來了，其中真功夫全在細節裡。

烤鴨選美比賽

這裡是最赤裸的選美平台，
一隻隻袒裎相見無所隱瞞，
胖的瘦的各取所需任君挑選。

半隻一百九的一鴨二吃行動烤鴨，第一吃是經典烤鴨夾餅：將高筋麵粉餅皮包夾帶點肉的鴨皮，搭配小黃瓜、蔥段、甜麵醬，咬起來口感十足。第二吃是骨炒高麗菜或九層塔，辣炒更美味，吃完連吮指滋味都難忘。

進爐前先刷上麥芽糖水，烤過後外皮酥脆帶點淡淡焦糖香，如果鴨質肥瘦分明，鮮嫩適度，便說是味蕾的極致享受。此時，若再能剛好看到師傅深厚的片鴨功力，那就是連眼睛都飽餐一頓了！

Catch 211

紙上行旅的移動風景

六十種台灣觀察的進行式

作者：鄧彧
責任編輯：鍾宜君
文字協力：吳巧亮
校對：魏秋綢
封面設計：鄧彧
美術設計：IF OFFICE
法律顧問：董安丹律師、顧慕堯律師
出版者：大塊文化出版股份有限公司
地址：台北市10550南京東路四段25號11樓
www.locuspublishing.com
讀者服務專線：0800-006689
TEL：（02）87123898
FAX：（02）87123897
郵撥帳號：18955675
戶名：大塊文化出版股份有限公司
總經銷：大和書報圖書股份有限公司
地址：新北市新莊區五工五路2號
TEL：（02）89902588（代表號）
FAX：（02）22901658
製版：瑞豐實業股份有限公司

初版一刷：2014年11月
初版二刷：2017年8月
定價：新台幣280元
版權所有　翻印必究
Printed in Taiwan

紙上行旅的移動風景：六十種台灣觀察的進行式 / 鄧彧著. -- 初版. -- 臺北市：大塊文化, 2014.11
面；　公分. -- (Catch；211)
ISBN 978-986-213-550-1(平裝)
1.臺灣文化 2.生活史
733.4　　103018065

PAPER TRAVEL

旅行とイラストレーションについて
about Travel and Illustration

II